Impressum
Verlag: BABADADA GmbH, Nedderfeld 112 , 22529 Hamburg
Geschäftsführer / Verlagsleitung: Harald Hof
Druck: Books on Demand GmbH, In de Tarpen 42, 22848 Norderstedt

Imprint
Publisher: BABADADA GmbH, Nedderfeld 112 , 22529 Hamburg, Germany
Managing Director / Publishing direction: Harald Hof
Print: Books on Demand GmbH, In de Tarpen 42, 22848 Norderstedt, Germany

school

școală

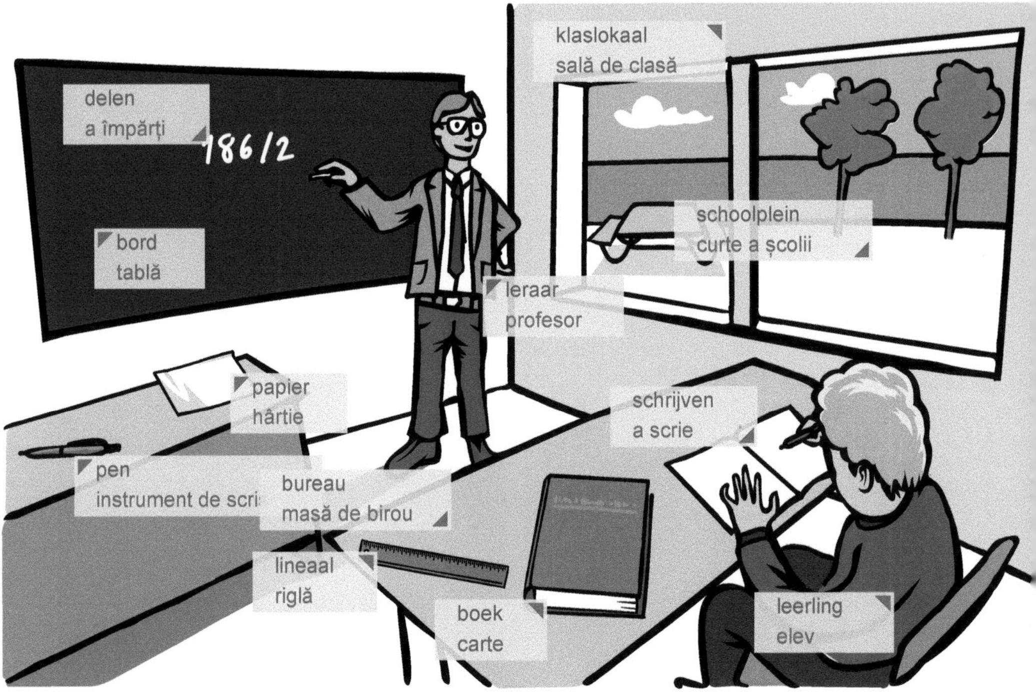
klaslokaal
sală de clasă
delen
a împărți
186/2
bord
tablă
schoolplein
curte a școlii
leraar
profesor
papier
hârtie
schrijven
a scrie
pen
instrument de scri
bureau
masă de birou
lineaal
riglă
boek
carte
leerling
elev

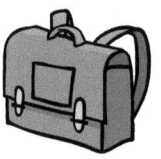

schooltas
ghiozdan

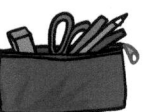

etui
penar

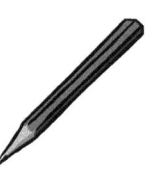

potlood
creion

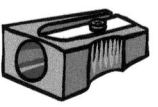

puntenslijper
ascuțitoare

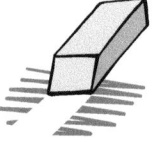

gum
radieră

schetsblok
bloc de desen

tekening

desen

penseel

pensulă

verfdoos

cutie de acuarele

schaar

foarfece

lijm

lipici

schrift

caiet de exerciții

huiswerk

temă

12

getal

număr

2+2

optellen

a aduna

5-2

aftrekken

a scădea

2×2

vermenigvuldigen

a multiplica

rekenen

a calcula

A

letter

literă

ABCDEFG HIJKLMN OPQRSTU VWXYZ

alfabet

alfabet

hello

woord

cuvânt

tekst

text

lezen

a citi

krijt

cretă

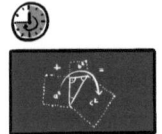

les

oră

klassenboek

catalog

examen

examen

diploma

certificat

schooluniform

uniformă școlară

opleiding

educație

encyclopedie

enciclopedie

universiteit

universitate

microscoop

microscop

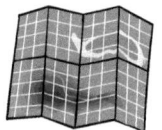

kaart

hartă

prullenmand

coș de gunoi

reis
călătorie

hotel
hotel
Grand
hostel
hostel
ROOMS
wisselkantoor
casă de schimb valutar
EXCHANGE
koffer
valiză
auto
autovehicul

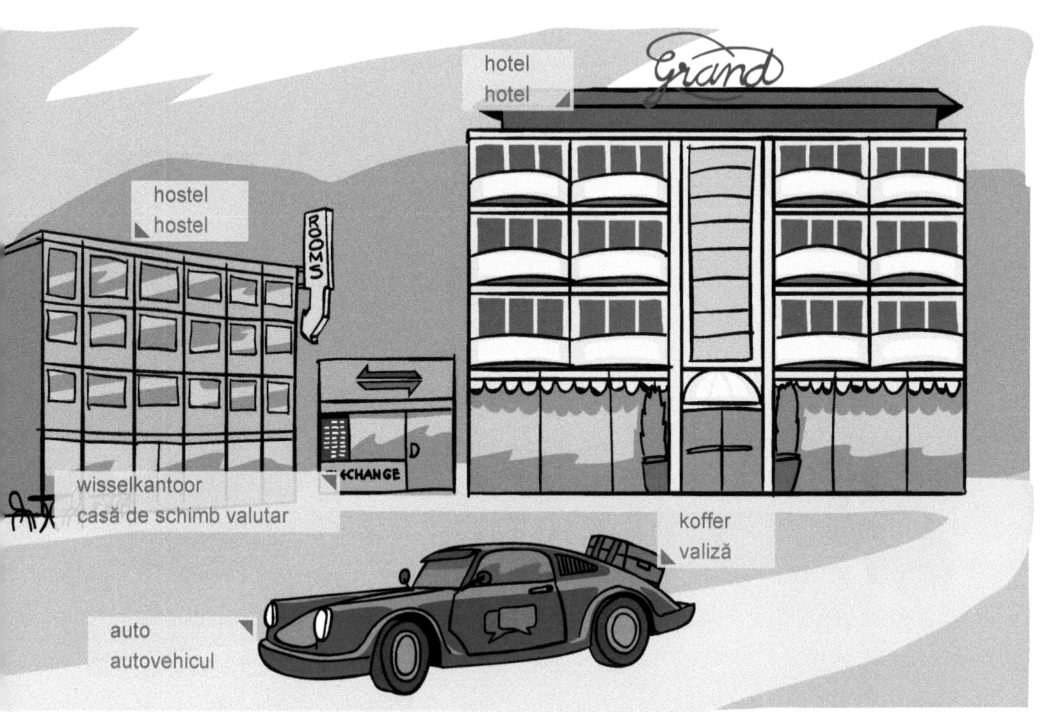

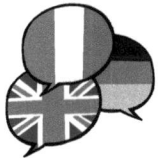

taal
....
limbă

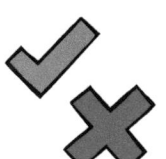

ja / nee
....
da/nu

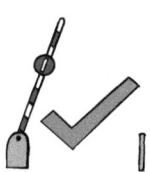

oké
....
okay

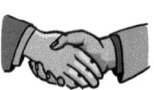

Hallo!
....
Bună!

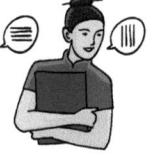

tolk
....
interpret

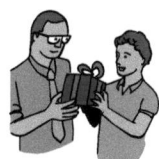

Bedankt.
....
mulțumesc

Wat kost ...?

Cât costă...?

Ik begrijp het niet.

Nu înțeleg

probleem

problemă

Goedenavond!

Bună seara!

Goedemorgen!

Bună dimineața!

Goedenacht!

Noapte bună!

Tot ziens!

la revedere

richting

direcție

bagage

bagaj

tas

geantă

rugzak

rucsac

gast

oaspete

kamer

cameră

slaapzak

sac de dormit

tent

cort

reis - călătorie

VVV-kantoor

punct de informare turistică

strand

plajă

creditkaart

carte de credit

ontbijt

mic dejun

lunch

masa de prânz

diner

cină

kaartje

bilet de călătorie

lift

lift

postzegel

timbru poștal

grens

graniță

douane

vamă

ambassade

ambasadă

visum

viză

paspoort

pașaport

transport
transport

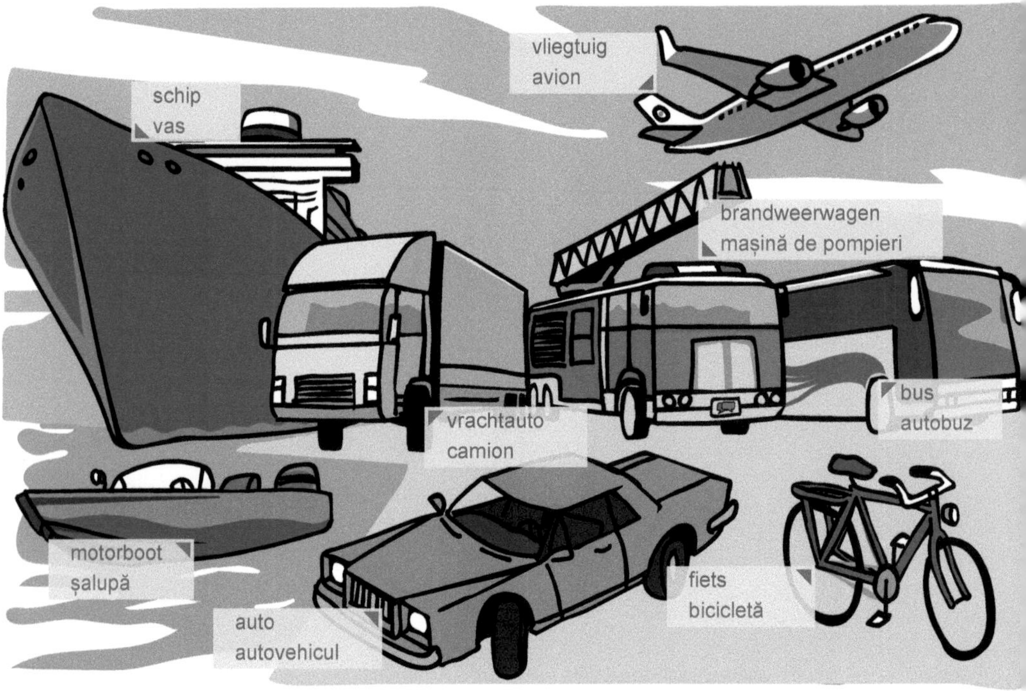
vliegtuig
avion
schip
vas
brandweerwagen
mașină de pompieri
bus
autobuz
vrachtauto
camion
motorboot
șalupă
fiets
bicicletă
auto
autovehicul

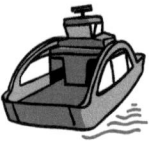

veerboot
feribot

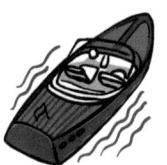

boot
barcă

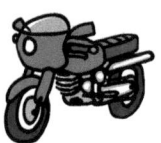

motorfiets
motocicletă

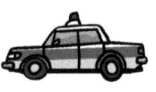

politiewagen
mașină de poliție

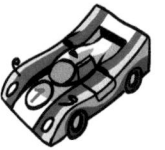

raceauto
mașină de curse

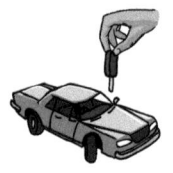

huurauto
mașină închiriată

carsharing

car sharing

takelwagen

mașină de tractat

vuilniswagen

mașină de gunoi

motor

motor

benzine

combustibil

benzinepomp

benzinărie

verkeersbord

semn de circulație

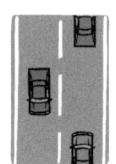

verkeer

trafic

file

ambuteiaj

parkeerplaats

parcare

station

gară

rails

șine

trein

tren

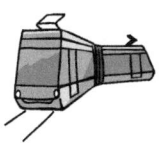

tram

tramvai

wagon

vagon

helikopter

elicopter

luchthaven

aeroport

toren

turn

passagier

pasager

container

container

verhuisdoos

carton

kar

căruță

mand

coș

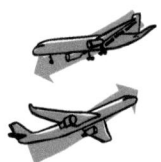

opstijgen / landen

a decola/a ateriza

stad

oraș

dorp

sat

stadscentrum

centru

huis

casă

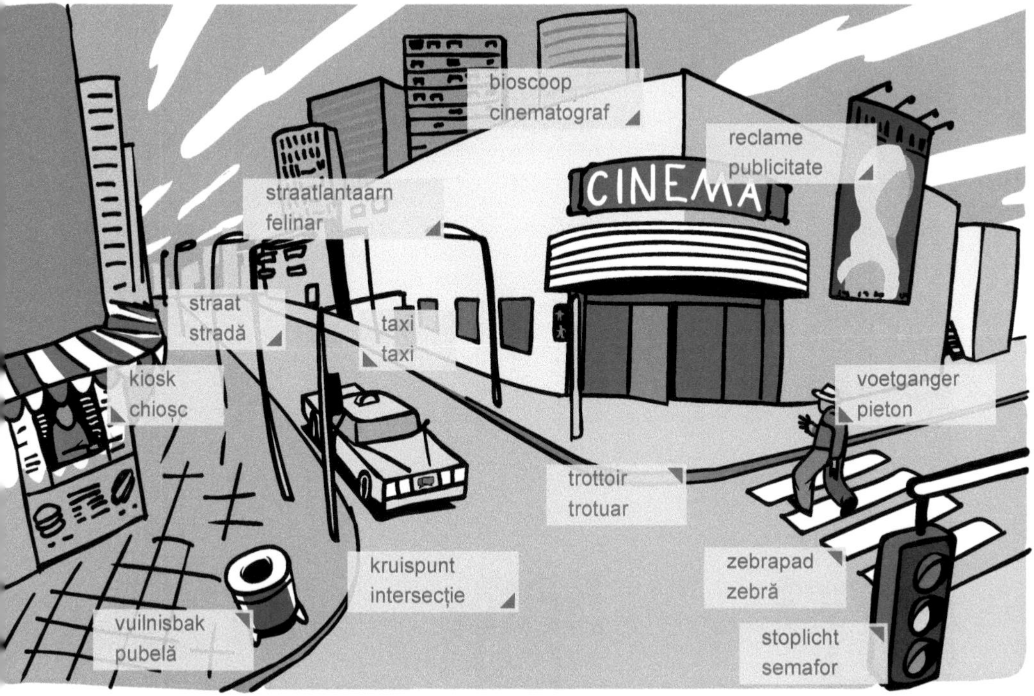

bioscoop
cinematograf

reclame
publicitate

straatlantaarn
felinar

CINEMA

straat
stradă

taxi
taxi

kiosk
chiosc

voetganger
pieton

trottoir
trotuar

kruispunt
intersecție

zebrapad
zebră

vuilnisbak
pubelă

stoplicht
semafor

hut

cabană

appartement

apartament

station

gară

stadhuis

primărie

museum

muzeu

school

școală

universiteit

universitate

bank

bancă

ziekenhuis

spital

hotel

hotel

apotheek

farmacie

kantoor

birou

boekenwinkel

librărie

winkel

magazin

bloemenwinkel

florărie

supermarkt

supermarket

markt

piață

warenhuis

magazin universal

visboer

comerciant de pește

winkelcentrum

centru comercial

haven

port

stad - oraș

park

parc

bank

bancă

brug

pod

trap

trepte

metro

metrou

tunnel

tunel

bushalte

stație de autobuz

bar

bar

restaurant

restaurant

brievenbus

cutie poștală

straatnaambord

tăbliță indicatoare cu numele străzii

parkeermeter

parcometru

dierentuin

grădină zoologică

zwembad

piscină

moskee

moschee

boerderij

gospodărie țărănească

vervuiling

poluare

begraafplaats

cimitir

kerk

biserică

speelplaats

loc de joacă

tempel

templu

landschap
peisaj

blad
frunză

wegwijzer
indicator

weg
drum

weide
pajiște

steen
piatră

boom
copac

wandelaar
drumeț

rivier
râu

gras
iarbă

bloem
floare

vallei

vale

berg

deal

meer

lac

bos

pădure

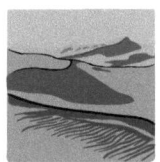

woestijn

deșert

vulkaan

vulcan

kasteel

castel

regenboog

curcubeu

paddenstoel

ciupercă

palmboom

palmier

mug

țânțar

vlieg

muscă

mier

furnică

bij

albină

spin

păianjen

kever

gândac

kikker

broască

eekhoorn

veveriţă

egel

arici

haas

iepure

uil

bufniţă

vogel

pasăre

zwaan

lebădă

wild zwijn

porc mistreţ

hert

cerb

eland

elan

stuwdam

dig

windmolen

turbină eoliană

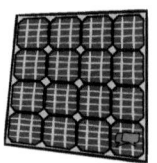

zonnepaneel

panou solar

klimaat

climă

restaurant
restaurant

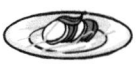

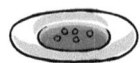

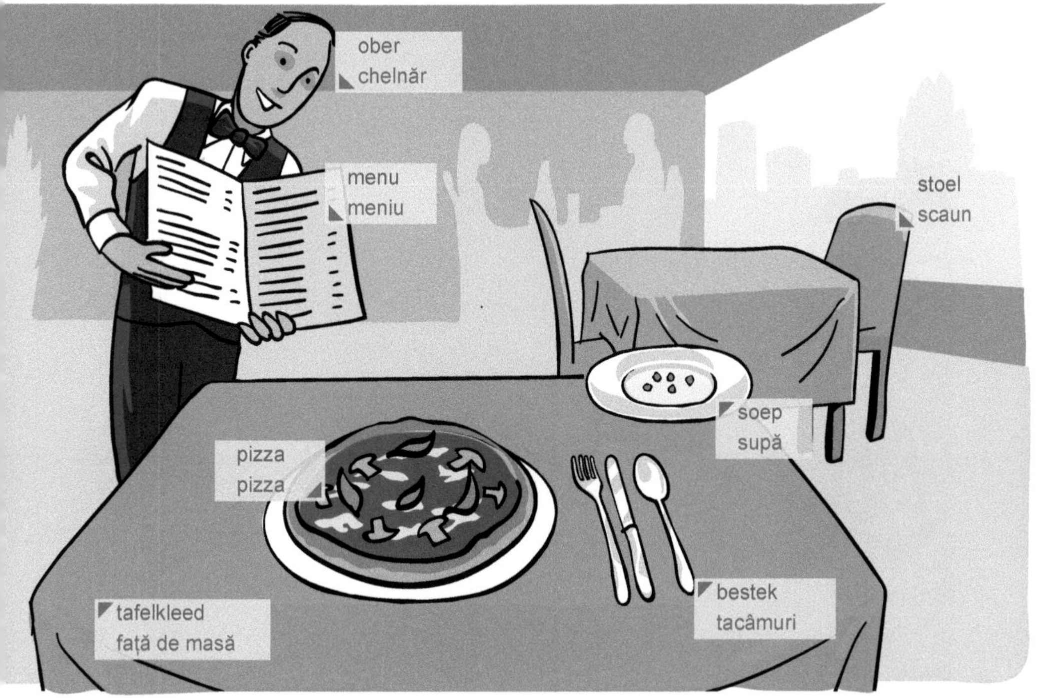
ober
chelnăr
menu
meniu
stoel
scaun
soep
supă
pizza
pizza
tafelkleed
față de masă
bestek
tacâmuri

voorgerecht

antreu

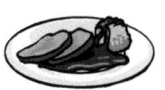

hoofdgerecht

fel principal

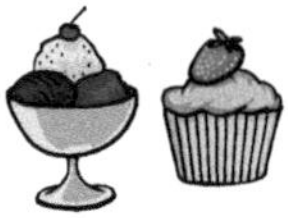

toetje

desert

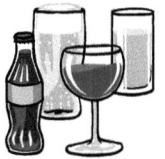

dranken

băuturi

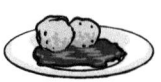

eten

mâncare

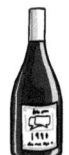

fles

sticlă

fastfood

fastfood

eetkraampje

streetfood

theepot

ceainic

suikerpot

zaharniță

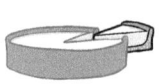

portie

porție

espressomachine

espressor

kinderstoel

scaun înalt (pentru copii)

rekening

factură

dienblad

tavă

mes

cuțit

vork

furculiță

lepel

lingură

theelepel

linguriță

servet

șervețel

glas

pahar

bord

farfurie

soepbord

farfurie de supă

schotel

farfurie

saus

sos

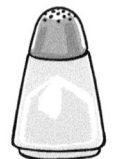

zoutvaatje

solniță

pepermolen

râșniță de piper

azijn

oțet

olie

ulei

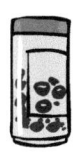

kruiden

condimente

ketchup

ketchup

mosterd

muștar

mayonaise

maioneză

supermarkt
supermarket

aanbieding
ofertă
FOR
klant
client
zuivelproducten
produse lactate
fruit
fructe
winkelwagen
cărucior de cumpărături

BUTCHERS

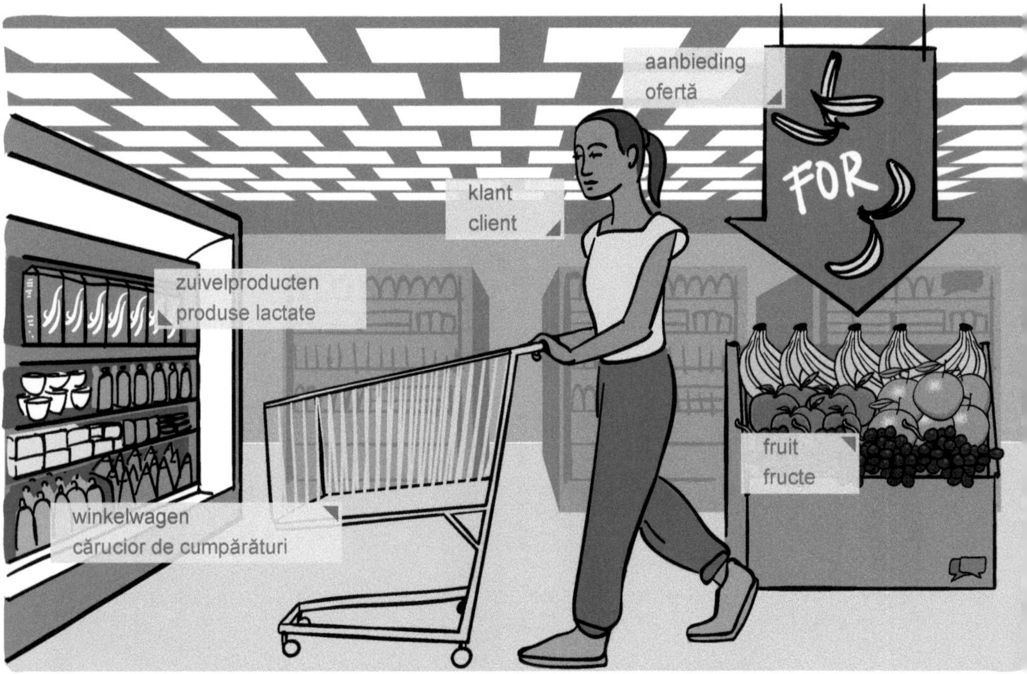

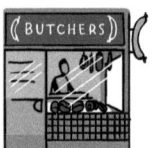

slager
măcelărie

BAKERY

bakkerij
brutărie

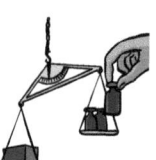

wegen
a cântări

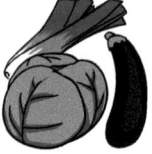

groente
legume

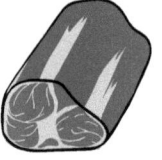

vlees
carne

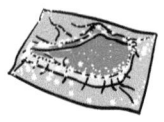

diepvriesproducten
alimente refrigerate

vleeswaren

mezeluri şi brânzeturi feliate

conserven

conserve

wasmiddel

detergent

snoepgoed

dulciuri

huishoudelijke artikelen

articole de menaj

schoonmaakmiddel

produse de curăţenie

verkoopster

vânzătoare

kassa

casă

kassier

casier

boodschappenlijstje

listă de cumpărături

openingstijden

orar

portefeuille

portmoneu

creditkaart

carte de credit

tas

geantă

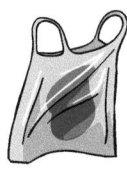

plastic zak

pungă de plastic

water
apă

sap
suc

melk
lapte

cola
cola

wijn
vin

bier
bere

alcohol
alcool

chocolademelk
cacao

thee
ceai

koffie
cafea

espresso
espresso

cappuccino
cappucino

banaan

banane

appel

măr

sinaasappel

portocală

watermeloen

pepene

citroen

lămâie

wortel

morcov

knoflook

usturoi

bamboe

bambus

ui

ceapă

paddenstoel

ciupercă

noten

nuci

pasta

paste făinoase

spaghetti

spagheti

rijst

orez

salade

salată

friet

cartofi prăjiți

gebakken aardappelen

cartofi țărănești

pizza

pizza

hamburger

hamburger

sandwich

sandwich

schnitzel

șnițel

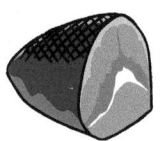

ham

șuncă

salami

salam

worst

cârnați

kip

pui

gebraad

friptură

vis

pește

havermout

fulgi de ovăz

muesli

musli

cornflakes

cereale

meel

făină

croissant

corn

broodjes

chifle

brood

pâine

toast

pâine prăjită

koekjes

biscuiți

boter

unt

kwark

brânză de vaci

taart

prăjitură

ei

ou

gebakken ei

ouă ochiuri

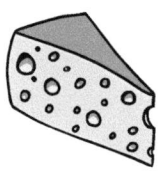

kaas

brânză

eten - mâncare

ijs

înghețată

suiker

zahăr

honing

miere

jam

marmeladă

chocoladepasta

cremă nuga

kerrie

curry

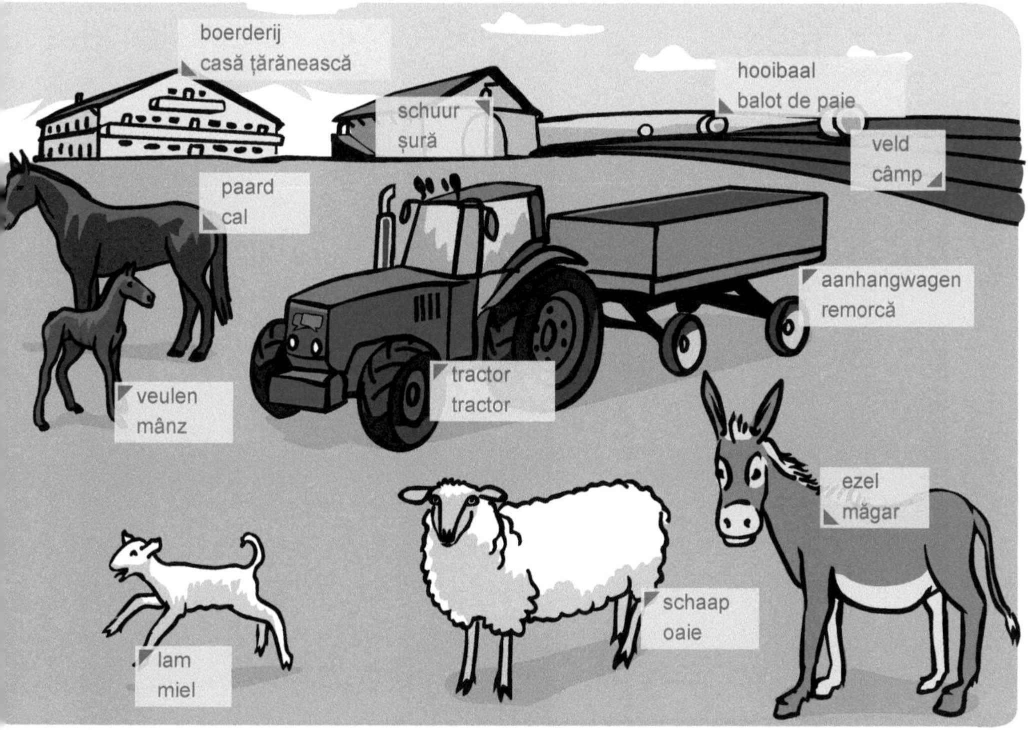

boerderij
casă țărănească

schuur
șură

hooibaal
balot de paie

veld
câmp

paard
cal

aanhangwagen
remorcă

tractor
tractor

veulen
mânz

ezel
măgar

schaap
oaie

lam
miel

geit
capră

koe
vacă

kalf
vițel

varken
porc

big
purcel

stier
taur

gans

găină

eend

rață

kuiken

pui

kip

găină

haan

cocoș

rat

șobolan

kat

pisică

muis

șoarece

os

bou

hond

câine

hondenhok

cușcă

tuinslang

furtun de grădină

gieter

stropitoare

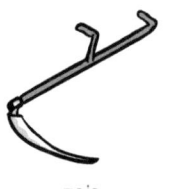

zeis

coasă

ploeg

plug

sikkel

secerā

schoffel

sapā

hooivork

furcā

bijl

secure

kruiwagen

roabā

trog

troacā

melkbus

canā pentru lapte

zak

sac

hek

gard

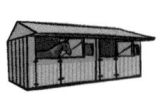

stal

grajd

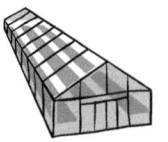

broeikas

serā

grond

sol

zaad

sāmânțā

mest

fertilizator

maaidorser

combinā de treierat

oogsten

a culege

oogst

recoltă

yam

cartof yam

tarwe

grâu

soja

soia

aardappel

cartof

maïs

porumb

koolzaad

rapiță

fruitboom

pom fructifer

maniok

manioc

granen

cereale

boerderij - gospodărie țărănească

huis
casă

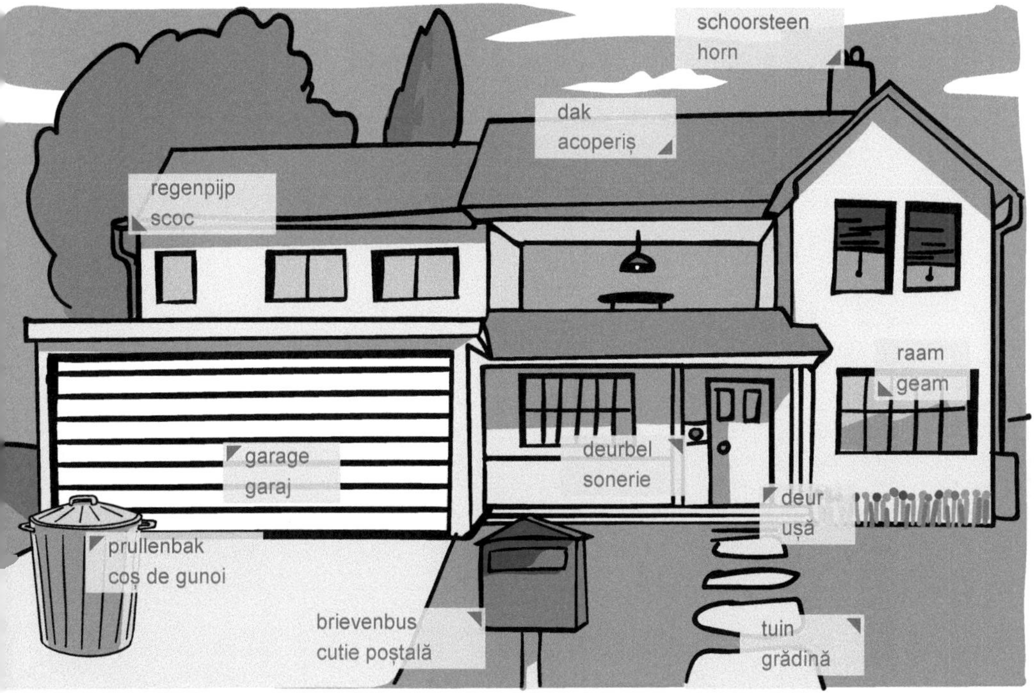

schoorsteen
horn
dak
acoperiș
regenpijp
scoc
raam
geam
garage
garaj
deurbel
sonerie
deur
ușă
prullenbak
coș de gunoi
brievenbus
cutie poștală
tuin
grădină

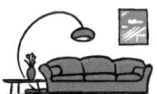

woonkamer

cameră de zi

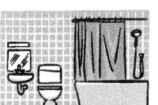

badkamer

baie

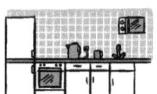

keuken

bucătărie

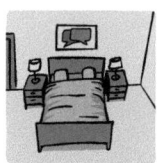

slaapkamer

dormitor

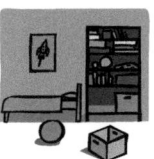

kinderkamer

camera copiilor

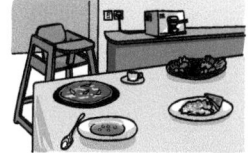

eetkamer

sufragerie

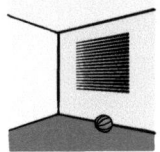

vloer

podea

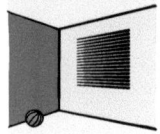

muur

perete

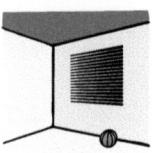

plafond

tavan

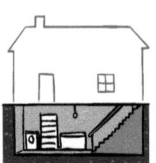

kelder

pivniță

sauna

saună

balkon

balcon

terras

terasă

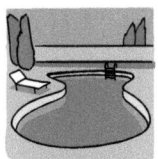

zwembad

piscină

grasmaaier

mașină de tuns iarba

laken

cearșaf

bedsprei

cuvertură

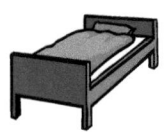

bed

pat

bezem

mătură

emmer

găleată

schakelaar

întrerupător

woonkamer
cameră de zi

behang
tapet
foto
pictură
lamp
lampă
plank
raft
kast
dulap
televisie
televizor
open haard
șemineu
bloem
floare
kussen
pernă
bankstel
sofa
vaas
vază
afstandsbediening
telecomandă

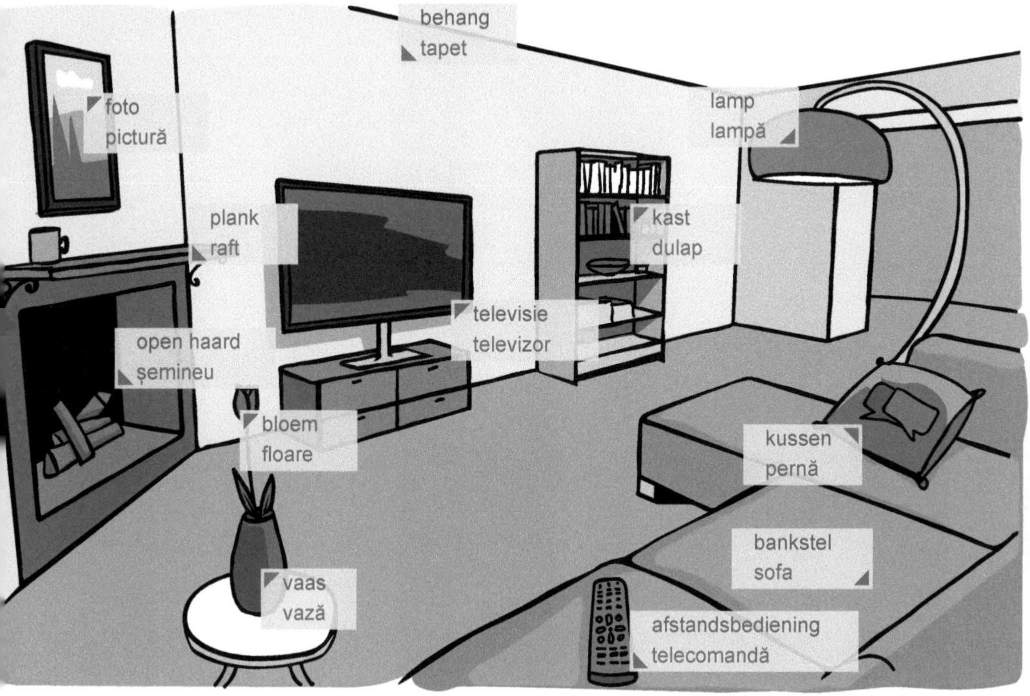

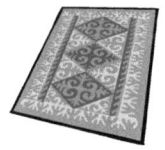

tapijt
covor

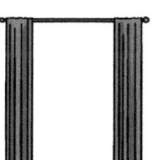

gordijn
perdea

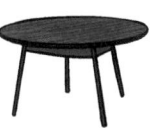

tafel
masă

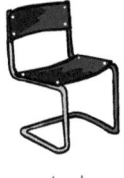

stoel
scaun

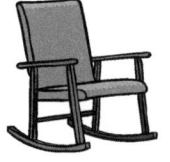

schommelstoel
balansoar

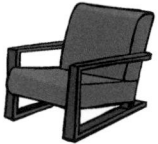

stoel
fotoliu

boek

carte

deken

pătură

decoratie

decoraţiune

brandhout

lemn de foc

film

film

stereo-installatie

instalaţie stereo

sleutel

cheie

krant

ziar

schilderij

desen

poster

poster

radio

radio

kladblok

caiet de notiţe

stofzuiger

aspirator

cactus

cactus

kaars

lumânare

keuken
bucătărie

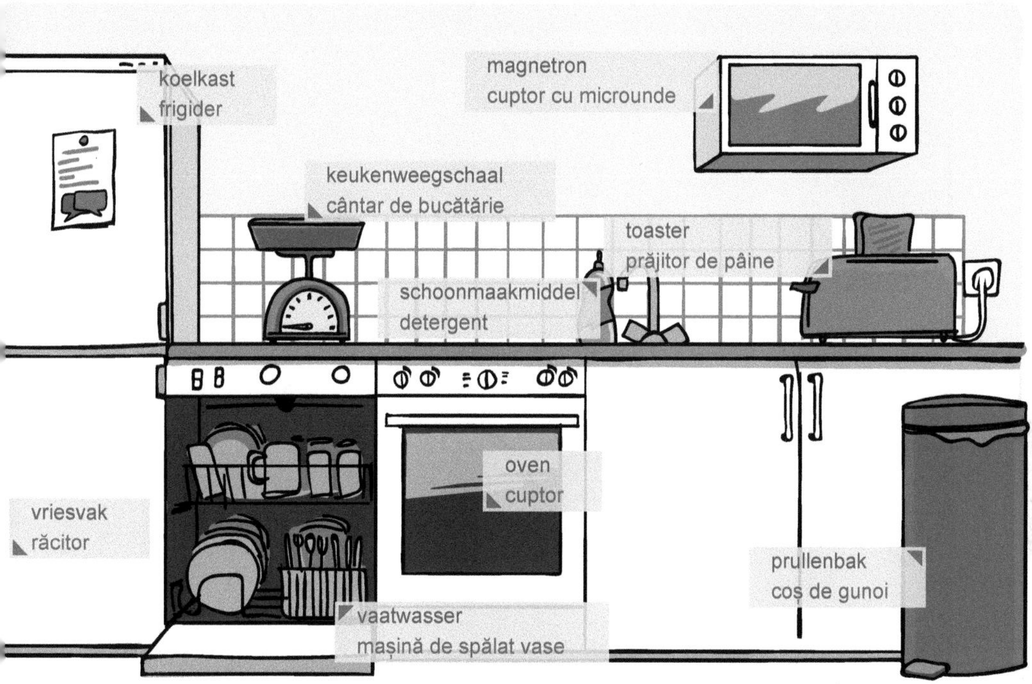
koelkast
frigider
magnetron
cuptor cu microunde
keukenweegschaal
cântar de bucătărie
toaster
prăjitor de pâine
schoonmaakmiddel
detergent
oven
cuptor
vriesvak
răcitor
prullenbak
coș de gunoi
vaatwasser
mașină de spălat vase

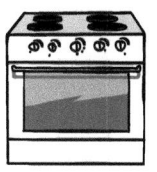

fornuis

cuptor

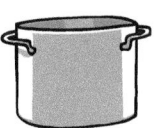

pan

oală

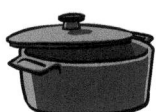

gietijzeren pan

oală de metal

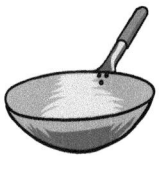

wok / kadai

wok/kadai

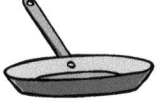

koekenpan

tigaie

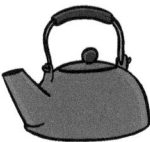

ketel

ceainic

stoomkoker

oală de gătit cu aburi

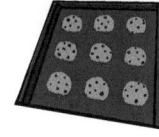

bakplaat

tavă de copt

servies

veselă

beker

pahar

kom

bol

eetstokjes

bețișoare

soeplepel

polonic

spatel

spatulă

garde

tel

vergiet

sită

zeef

sită

rasp

răzătoare

vijzel

mojar

barbecue

grătar

vuurhaard

loc pentru grătar

snijplank

tocător

deegroller

sucitor

kurkentrekker

tirbușon

blik

conservă

blikopener

deschizător de conserve

pannenlap

șervete termice

wasbak

chiuvetă

borstel

perie

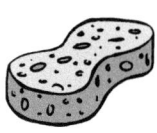

spons

burete

blender

mixer

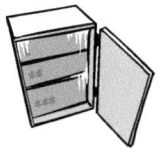

vriezer

ladă frigorifică

babyflesje

biberon

kraan

robinet

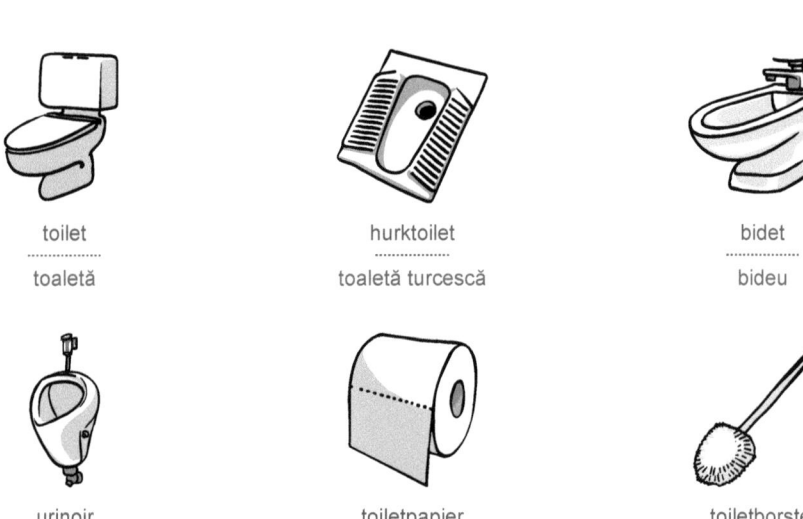

badkamer
baie

douche
duș
verwarming
încălzire
handdoek
prosop
douchegordijn
perdea de duș
bubbelbad
baie cu spumă
bad
cadă
glas
pahar
wasmachine
mașină de spălat
kraan
robinet
tegels
gresie
potje
oală de noapte
wasbak
chiuvetă

toilet

toaletă

hurktoilet

toaletă turcescă

bidet

bideu

urinoir

pisoir

toiletpapier

hârtie igienică

toiletborstel

perie de toaletă

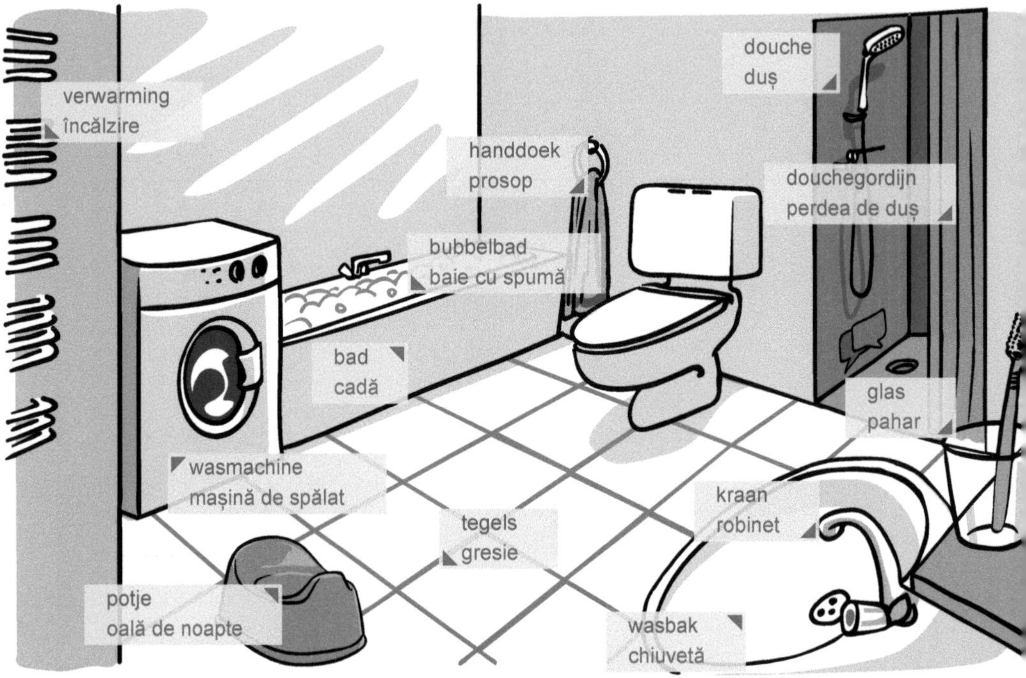

tandenborstel

periuță de dinți

tandpasta

pastă de dinți

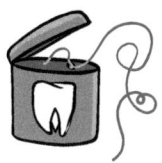

flosdraad

ață dentară

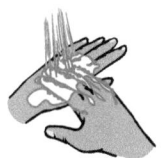

wassen

a spăla

handdouche

cap de duș

toiletdouche

duș intim

waskom

lavoar

rugborstel

perie pentru spate

zeep

săpun

douchegel

gel de duș

shampoo

șampon

washanje

cârpă de spălat

afvoer

scurgere

creme

cremă

deodorant

deodorant

spiegel

oglindă

make-upspiegel

oglindă cosmetică

scheermes

aparat de ras

scheerschuim

spumă de ras

aftershave

aftershave

kam

pieptene

borstel

perie

haardroger

uscător de păr

haarspray

fixator

make-up

machiaj

lippenstift

ruj

nagellak

lac de unghii

watten

vată

nagelschaartje

foarfece de unghii

parfum

parfum

toilettas

neseser

kruk

taburet

weegschaal

cântar

badjas

halat de baie

rubber handschoenen

mănuși de cauciuc

tampon

tampon

maandverband

tampon

chemisch toilet

toaletă chimică

kinderkamer
camera copiilor

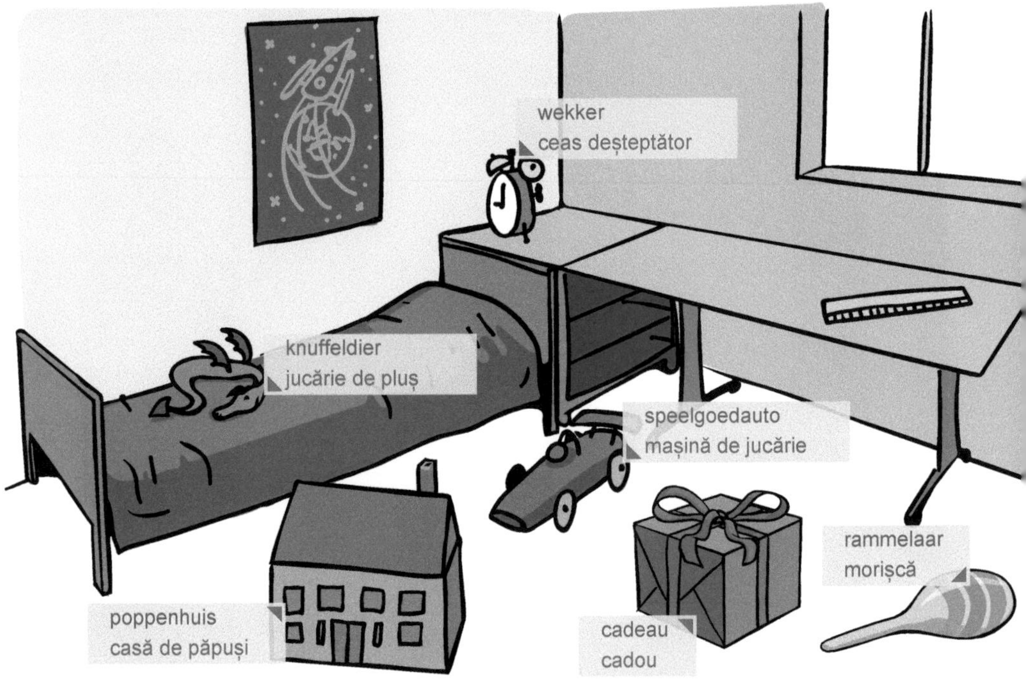
wekker
ceas deșteptător
knuffeldier
jucărie de pluș
speelgoedauto
mașină de jucărie
rammelaar
morișcă
poppenhuis
casă de păpuși
cadeau
cadou

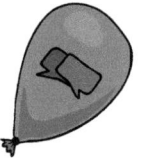

ballon
balon

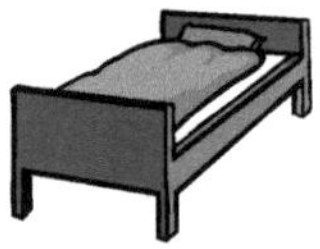

bed
pat

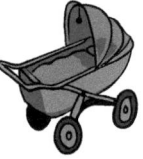

kinderwagen
cărucior de copii

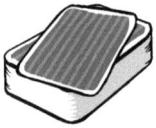

kaartspel
joc de cărți

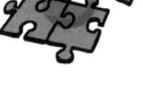

puzzel
puzzle

stripverhaal
revistă de benzi desenate

legostenen

cuburi lego

speelgoedblokken

piese pentru construcţii

actiefiguurtje

personaj din filmele de acţiune

romper

body

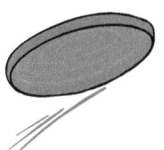

frisbee

frisbee

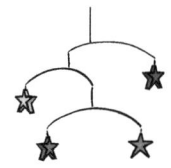

mobile

mobil

bordspel

joc de societate

dobbelsteen

zar

modeltrein

set trenuleţ de jucărie

speen

suzetă

feestje

petrecere

prentenboek

carte cu poze

bal

minge

pop

păpuşă

spelen

a se juca

zandbak

groapă de nisip

schommel

leagăn

speelgoed

jucării

spelcomputer

consolă video

driewieler

tricicletă

teddybeer

ursuleț

kleerkast

dulap

kleding

îmbrăcăminte

sokken

șosete

kousen

ciorapi

panty

dres

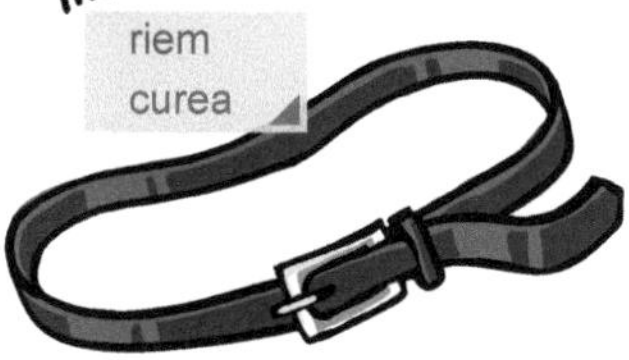

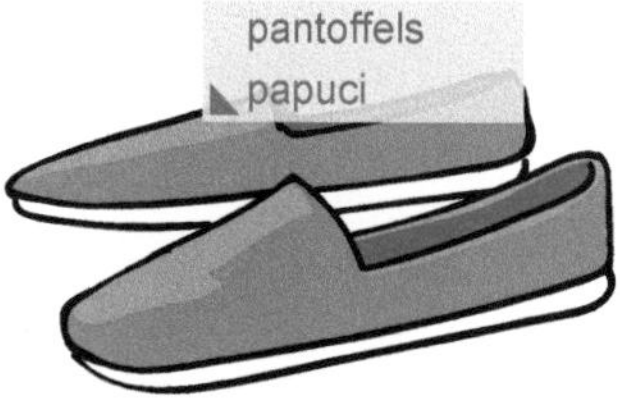

sjaal
șal

paraplu
umbrelă

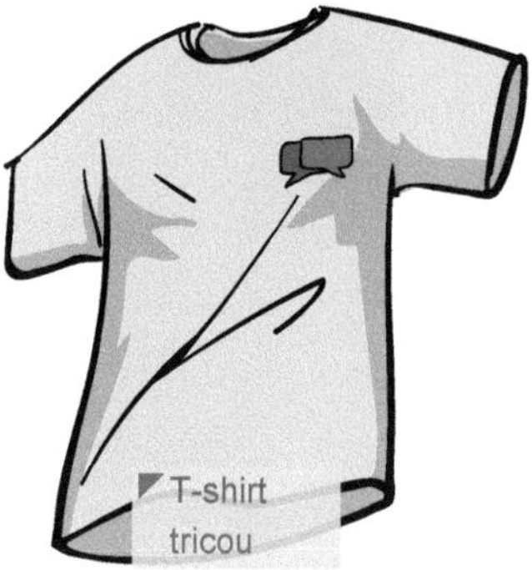

riem
curea

T-shirt
tricou

pantoffels
papuci

laarzen
cizme

sportschoenen
pantofi sport

sandalen
....
sandale

schoenen
....
încălțăminte

rubberlaarzen
....
cizme de cauciuc

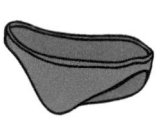

onderbroek
....
chilot

beha
....
sutien

onderhemd
....
maiou

body
body

broek
pantaloni

spijkerbroek
blugi

rok
fustă

blouse
bluză

overhemd
cămașă

trui
pulover

hoody
jerseu

blazer
sacou

jas
jachetă

mantel
palton

regenjas
pelerină de ploaie

kostuum
costum

jurk
rochie

trouwjurk
rochie de mireasă

kleding - îmbrăcăminte

pak

costum

nachthemd

cămașă de noapte

pyjama

pijama

sari

sari

hoofddoek

batic

tulband

turban

boerka

burka

kaftan

caftan

abaja

abaya

zwempak

costum de baie

zwembroek

șort

korte broek

pantaloni scurți

trainingspak

trening

schort

șorț

handschoenen

mănuși

knoop

nasture

bril

ochelari

armband

brăţară

ketting

lanţ

ring

inel

oorbel

cercel

pet

căciulă

kledinghanger

umeraş

hoed

pălărie

stropdas

cravată

rits

fermoar

helm

cască

bretels

bretele

schooluniform

uniformă şcolară

uniform

uniformă

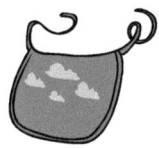

slabbetje

bavețică

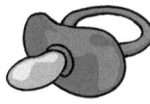

speen

suzetă

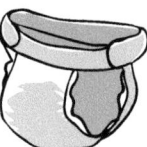

luier

scutec

kantoor
birou

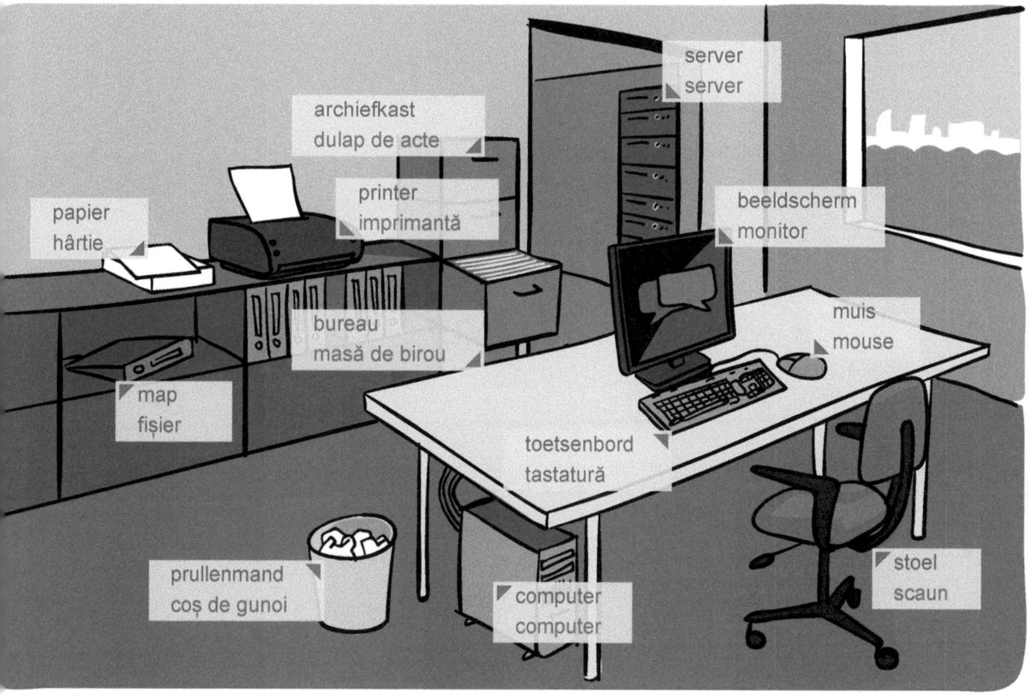
server
server
archiefkast
dulap de acte
papier
hârtie
printer
imprimantă
beeldscherm
monitor
muis
mouse
bureau
masă de birou
map
fișier
toetsenbord
tastatură
prullenmand
coș de gunoi
computer
computer
stoel
scaun

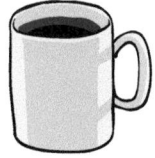

koffiemok

ceașcă de cafea

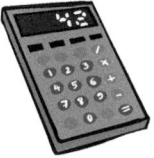

rekenmachine

calculator

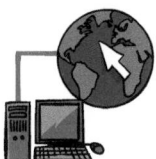

internet

internet

laptop
laptop

brief
scrisoare

bericht
mesaj

mobiele telefoon
telefon mobil

netwerk
reţea

kopieermachine
copiator

software
software

telefoon
telefon

stopcontact
priză

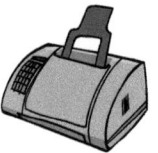

fax
fax

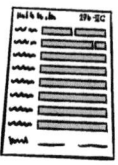

formulier
formular

document
document

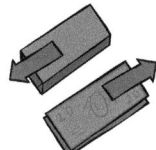

kopen
a cumpăra

betalen
a plăti

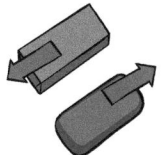

handel drijven
a face comerț

geld
bani

USD

dollar
Dolar

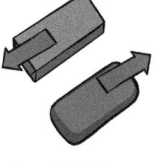

EUR

euro
Euro

JPY

yen
Yen

RUB

roebel
Rublă

CHF

Zwitserse frank
Franc Elvețian

CNY

renminbi yuan
renminbi yuan

INR

roepie
Rupie

geldautomaat
bancomat

wisselkantoor

casă de schimb valutar

goud

aur

zilver

argint

olie

petrol

energie

energie

prijs

preț

contract

contract

belasting

impozit

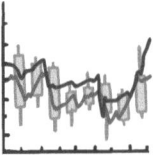

aandeel

acțiune

werken

a munci

werknemer

angajat

werkgever

angajator

fabriek

fabrică

winkel

magazin

politieagent
poliţist

brandweerman
pompier

kok
bucătar

dokter
medic

piloot
pilot

tuinman
grădinar

timmerman
tâmplar

naaister
cusătoreasă

rechter
judecător

scheikundige
chimist

toneelspeler
actor

buschauffeur

șofer de autobuz

taxichauffeur

șofer de taxi

visser

pescar

schoonmaakster

femeie de serviciu

dakdekker

tinichigiu

ober

chelnăr

jager

vânător

schilder

pictor

bakker

brutar

elektricien

electrician

bouwvakker

muncitor în construcții

ingenieur

inginer

slager

măcelar

loodgieter

instalator

postbode

poștaș

soldaat

soldat

architect

arhitect

kassier

casier

bloemist

florar

kapper

frizer

conducteur

controlor

monteur

mecanic

kapitein

căpitan

tandarts

stomatolog

wetenschapper

om de știință

rabbi

rabin

imam

imam

monnik

călugăr

pastoor

preot

gereedschap
instrumente

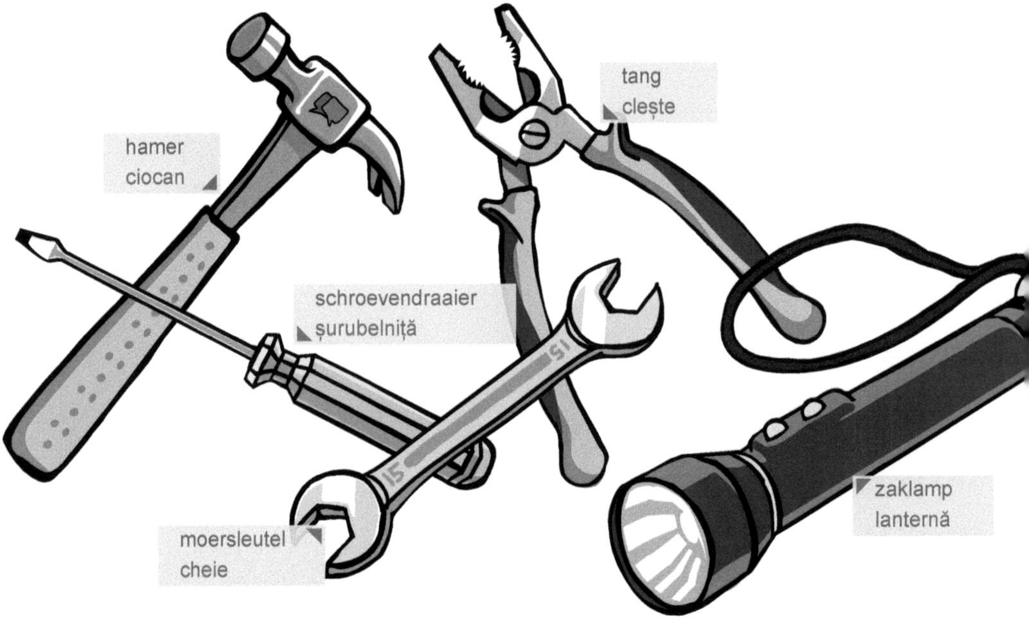

hamer
ciocan
tang
clește
schroevendraaier
șurubelniță
moersleutel
cheie
zaklamp
lanternă

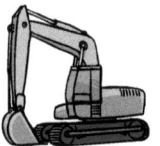

graafmachine

excavator

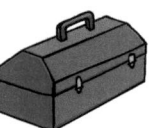

gereedschapskist

cutie de scule

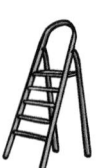

ladder

scară

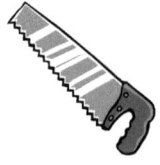

zaag

ferăstrău

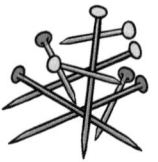

spijkers

cuie

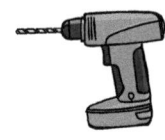

boor

burghiu

repareren

a repara

schep

lopată

Verdorie!

La naiba!

stofblik

făraș

verfpot

vas pentru vopsea

schroeven

șuruburi

muziekinstrumenten
instrumente muzicale

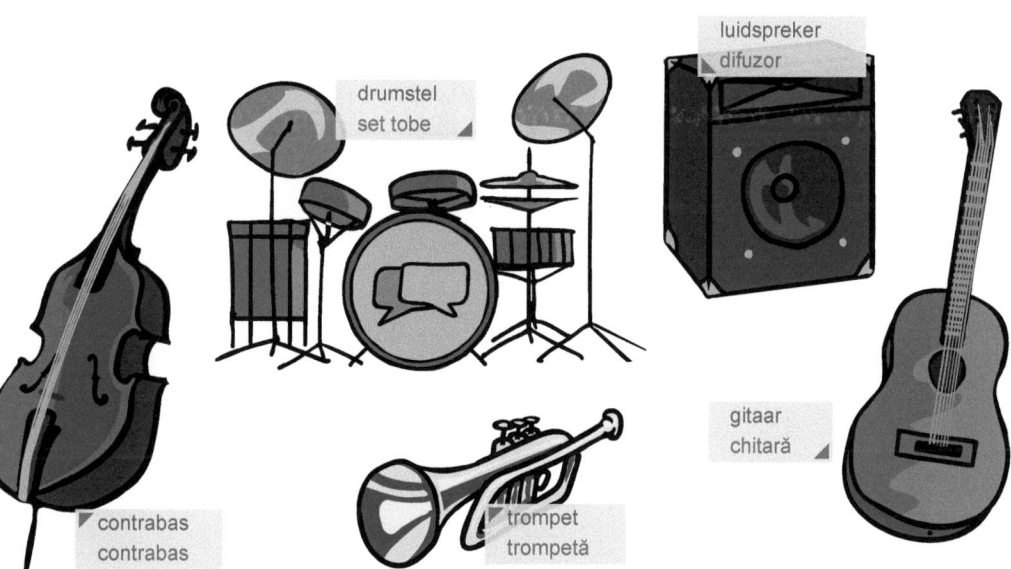

luidspreker
difuzor

drumstel
set tobe

gitaar
chitară

contrabas
contrabas

trompet
trompetă

piano

pian

viool

vioară

bas

bas

pauk

trombon

trommel

tobă

keyboard

keyboard

saxofoon

saxofon

fluit

fluier

microfoon

microfon

muziekinstrumenten - instrumente muzicale

dierentuin
grădină zoologică

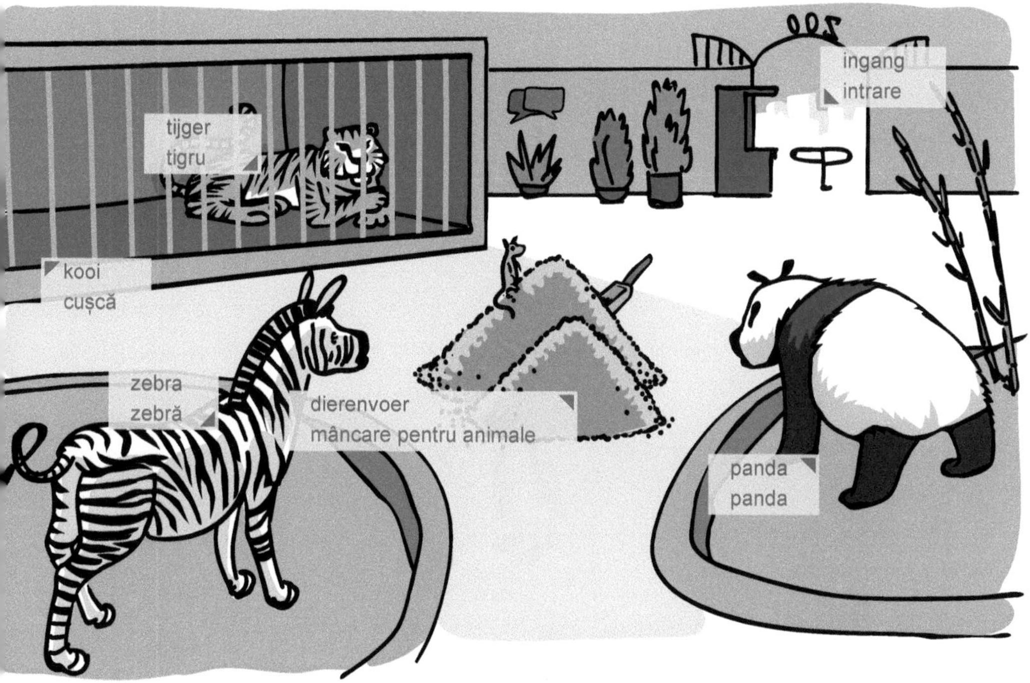

ingang
intrare
tijger
tigru
kooi
cușcă
zebra
zebră
dierenvoer
mâncare pentru animale
panda
panda

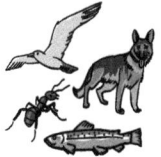

dieren
animale

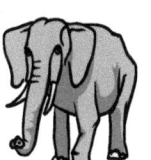

olifant
elefant

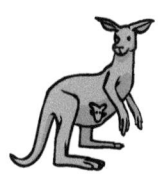

kangoeroe
cangur

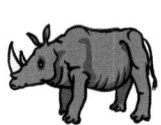

neushoorn
rinocer

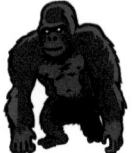

gorilla
gorilă

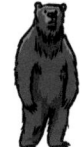

beer
urs

kameel

călimă

struisvogel

struţ

leeuw

leu

aap

maimuţă

flamingo

flamingo

papegaai

papagal

ijsbeer

urs polar

pinguïn

pinguin

haai

rechin

pauw

păun

slang

şarpe

krokodil

crocodil

dierenverzorger

îngrijitor grădina zoologică

zeehond

focă

jaguar

jaguar

dierentuin - grădină zoologică

pony

ponei

luipaard

leopard

nijlpaard

hipopotam

giraffe

girafă

adelaar

acvilă

wild zwijn

porc mistreț

vis

pește

schildpad

broască țestoasă

walrus

morsă

vos

vulpe

gazelle

gazelă

American football
fotbal american

wielrennen
ciclism

tennis
tenis

basketbal
basketball

zwemmen
înot

boksen
box

ijshockey
hockey pe gheață

voetbal
fotbal

badminton
badminton

atletiek
atletism

handbal
handbal

skiën
schi

polo
polo

springen
a sări

knuffelen
a îmbrățișa

lachen
a râde

lopen
a merge

zingen
a cânta

dromen
a visa

bidden
a se ruga

kussen
a săruta

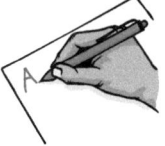

schrijven
a scrie

tekenen
a desena

tonen
a arăta

duwen
a împinge

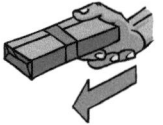

geven
a da

oppakken
a lua

hebben

a avea

doen

a face

zijn

a fi

staan

a sta în picioare

rennen

a fugi

trekken

a trage

gooien

a arunca

vallen

a cădea

liggen

a sta întins

wachten

a aștepta

dragen

a purta

zitten

a ședea

aankleden

a se îmbrăca

slapen

a dormi

wakker worden

a se trezi

bekijken

a privi

huilen

a plânge

strelen

a mângâia

kammen

a se pieptăna

praten

a vorbi

begrijpen

a înțelege

vragen

a întreba

horen

a asculta

drinken

a bea

eten

a mânca

opruimen

a face ordine

houden van

a iubi

koken

a găti

rijden

a conduce

vliegen

a zbura

zeilen

a naviga

rekenen

a calcula

lezen

a citi

leren

a învăța

werken

a munci

trouwen

a se căsători

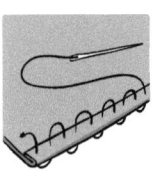

naaien

a coase

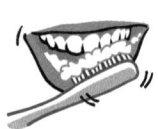

tandenpoetsen

a se spăla pe dinți

doden

a ucide

roken

a fuma

verzenden

a trimite

grootmoeder
bunică

grootvader
bunic

vader
tată

moeder
mamă

baby
bebeluș

dochter
soră

zoon
fiu

gast
oaspete

tante
mătușă

oom
unchi

broer
frate

zus
soră

lichaam
corp

voorhoofd
frunte
oog
ochi
schouder
umăr
vinger
deget
gezicht
față
kin
bărbie
hand
mână
been
picior
borst
piept
arm
braț

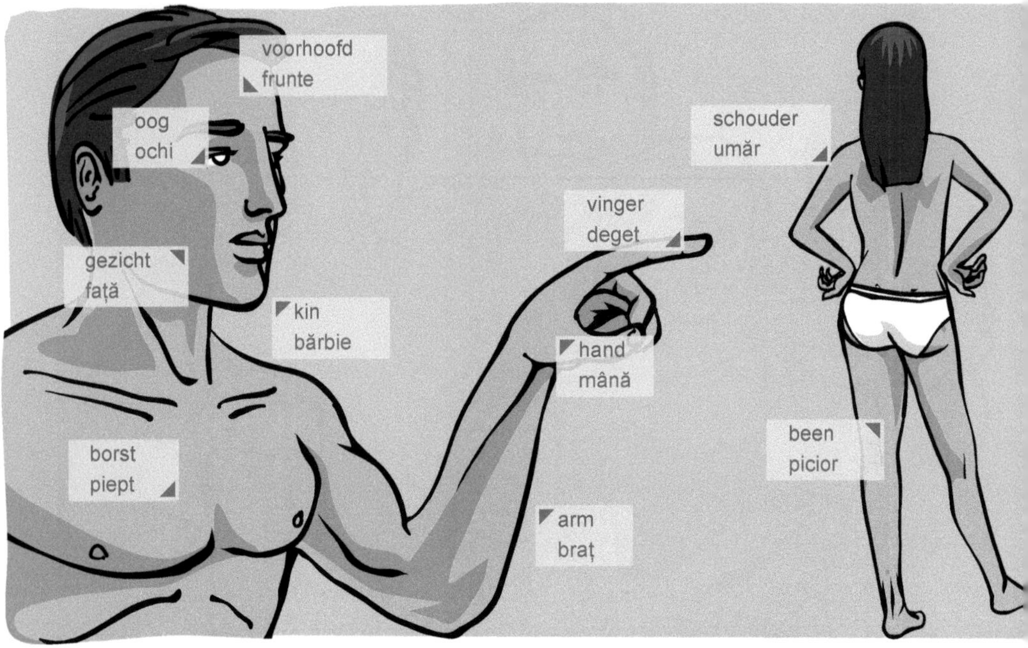

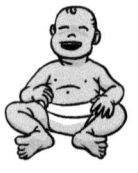

baby
bebeluș

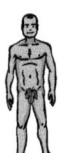

man
bărbat

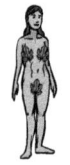

vrouw
femeie

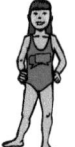

meisje
fată

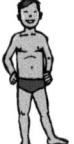

jongen
băiat

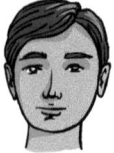

hoofd
cap

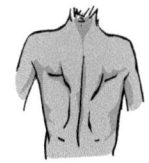

rug
spate

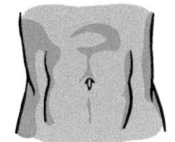

buik
abdomen

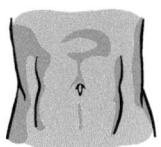

navel
ombilic

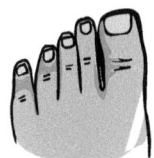

teen
deget de la picior

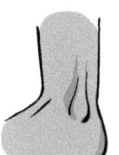

hiel
călcâi

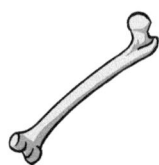

bot
os

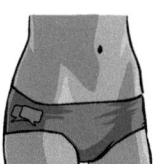

heup
șold

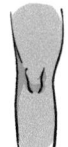

knie
genunchi

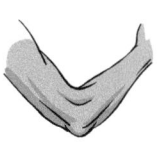

elleboog
cot

neus
nas

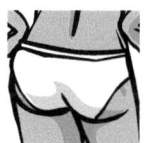

achterwerk
fund

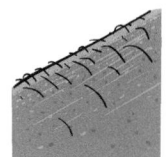

huid
piele

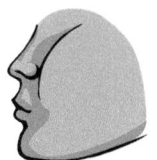

wang
obraz

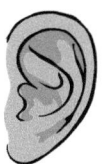

oor
ureche

lippen
buză

mond
gură

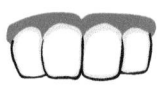

tand
dinte

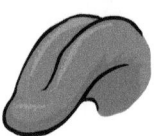

tong
limbă

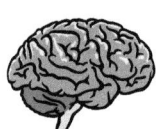

hersenen
creier

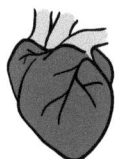

hart
inimă

spier
muşchi

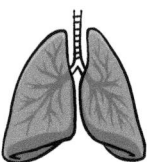

long
plămân

lever
ficat

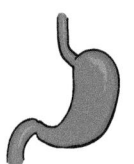

maag
stomac

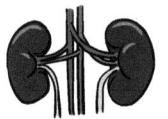

nieren
rinichi

geslachtsgemeenschap
sex

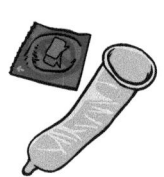

condoom
prezervativ

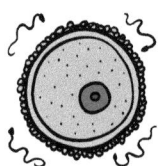

eicel
ovul

sperma
spermă

zwangerschap
sarcină

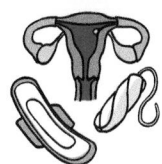

menstruatie
menstruație

vagina
vagin

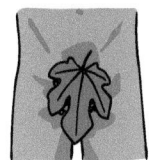

penis
penis

wenkbrauw
sprânceană

haar
păr

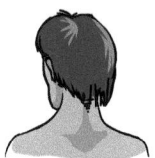

hals
gât

ziekenhuis
spital

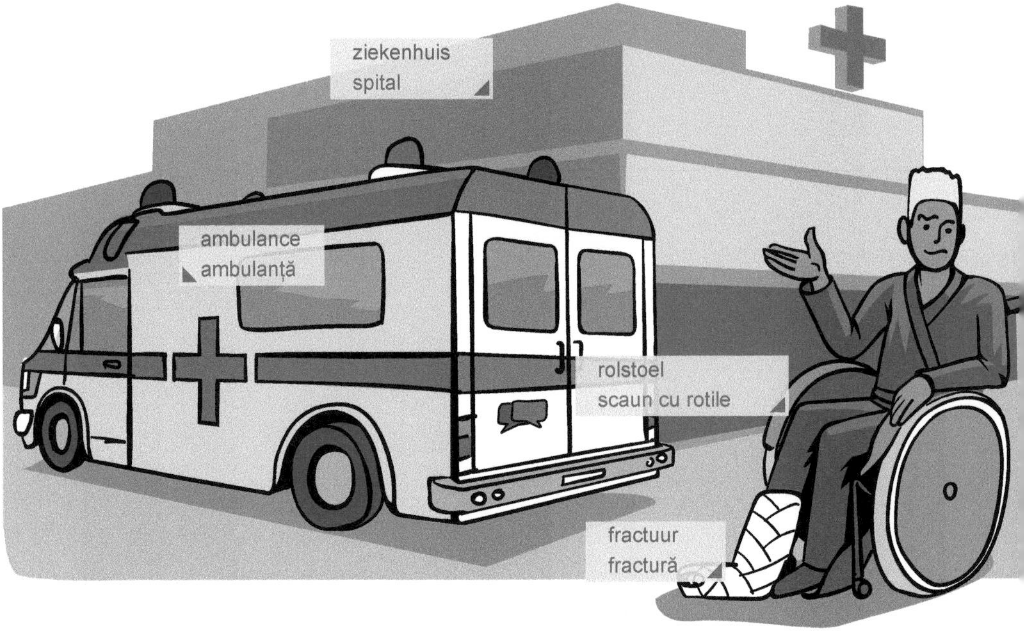

ziekenhuis
spital
ambulance
ambulanță
rolstoel
scaun cu rotile
fractuur
fractură

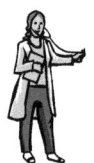

dokter

medic

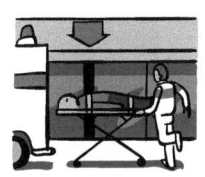

EHBO

unitate de primiri urgențe

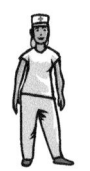

verpleegster

soră medicală

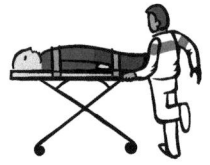

noodgeval

urgență

bewusteloos

inconștient

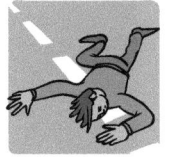

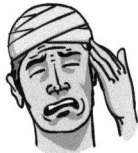

pijn

durere

verwonding

leziune

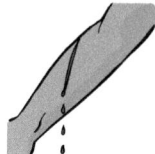

bloeding

sângerare

hartaanval

infarct miocardic

beroerte

atac cerebral

allergie

alergie

hoest

tuse

koorts

febră

griep

gripă

diarree

diaree

hoofdpijn

durere de cap

kanker

cancer

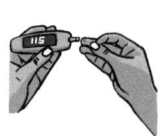

diabetes

diabet

chirurg

chirurg

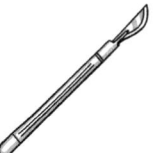

scalpel

scalpel

operatie

operație

CT
CT

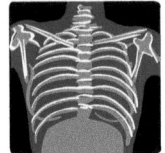

röntgen
raze Röntgen

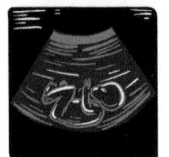

echografie
ultrasunet

gezichtsmasker
mască

ziekte
boală

wachtkamer
sală de așteptare

kruk
cârjă

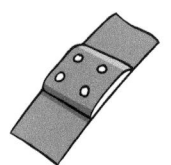

pleister
plasture

verband
bandaj

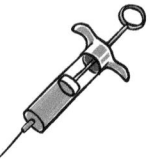

injectie
injecție

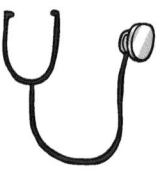

stethoscoop
stetoscop

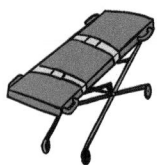

brancard
targă

thermometer
termometru

geboorte
naștere

overgewicht
supraponderabilitate

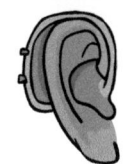

gehoorapparaat

aparat auditiv

ontsmettingsmiddel

dezinfectant

infectie

infecție

virus

virus

HIV / AIDS

HIV/SIDA

medicijn

medicină

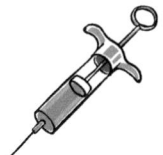

inenting

vaccin

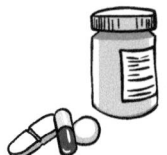

tabletten

tablete

pil

pastilă

alarmnummer

apel de urgență

bloeddrukmeter

aparat de măsurare a
presiunii arteriale

ziek / gezond

bolnav/sănătos

Help!

Ajutor!

alarm

alarmă

overval

agresiune

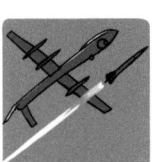

aanval

atac

gevaar

pericol

nooduitgang

ieșire de urgență

Brand!

Foc!

brandblusser

extinctor

ongeluk

accident

EHBO-koffer

trusă de prim-ajutor

SOS

SOS

politie

poliție

Europa

Europa

Noord-Amerika

America de Nord

Zuid-Amerika

America de Sud

Afrika

Africa

Azië

Asia

Australië

Australia

Atlantische Oceaan

Altantic

Stille Oceaan

Pacific

Indische Oceaan

Oceanul Indian

Zuidelijke Oceaan

Oceanul Antarctic

Noordelijke IJszee

Oceanul Arctic

Noordpool

Polul Nord

Zuidpool

Polul Sud

Antarctica

Antarctica

aarde

pământ

land

țară

zee

mare

eiland

insulă

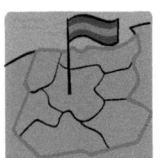

natie

națiune

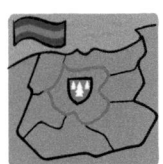

staat

stat

aarde - pământ

wijzerplaat

cadran

uurwijzer

orar

minutenwijzer

minutar

secondewijzer

secundar

Hoe laat is het?

Cât e ceasul?

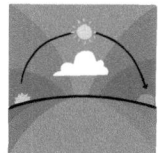

dag

zi

tijd

timp

nu

acum

digitaal horloge

cead digital

minuut

minut

uur

oră

week

săptămână

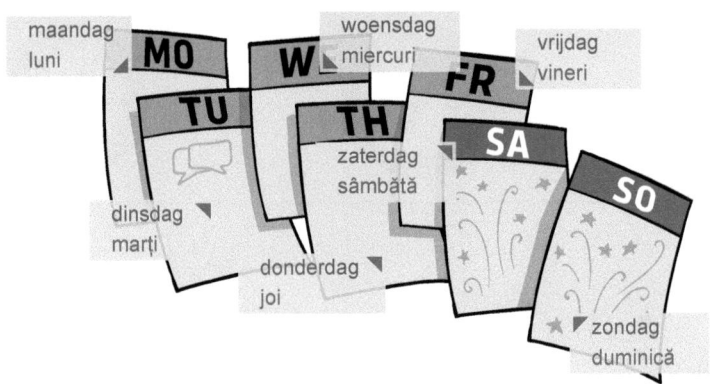

maandag / luni
woensdag / miercuri
vrijdag / vineri
dinsdag / marți
zaterdag / sâmbătă
donderdag / joi
zondag / duminică

gisteren

ieri

vandaag

azi

morgen

mâine

ochtend

dimineață

middag

amiază

avond

seară

MO	TU	WE	TH	FR	SA	SU
1	2	3	4	5	6	7
8	9	10	11	12	13	14
15	16	17	18	19	20	21
22	23	24	25	26	27	28
29	30	31	1	2	3	4

werkdagen

zile lucrătoare

MO	TU	WE	TH	FR	SA	SU
1	2	3	4	5	6	7
8	9	10	11	12	13	14
15	16	17	18	19	20	21
22	23	24	25	26	27	28
29	30	31	1	2	3	4

weekend

week-end

jaar

an

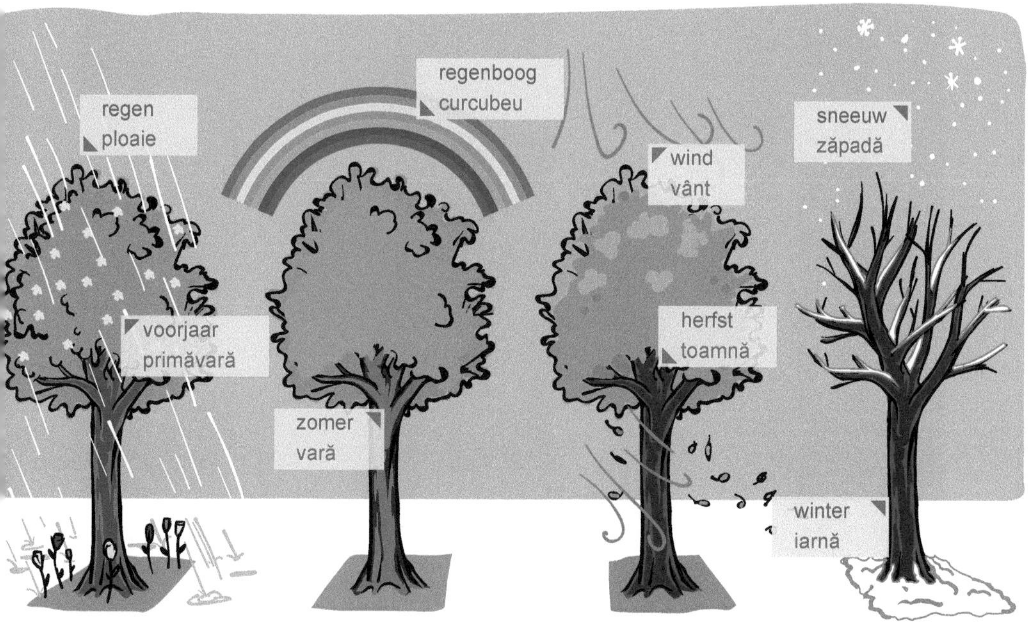

regen
ploaie
regenboog
curcubeu
wind
vânt
sneeuw
zăpadă
voorjaar
primăvară
herfst
toamnă
zomer
vară
winter
iarnă

4.APRIL 11°
5.APRIL 4°
6.APRIL 13°
7.APRIL 8°
8.APRIL 10°

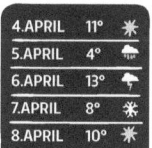

weerbericht

prognoză meteo

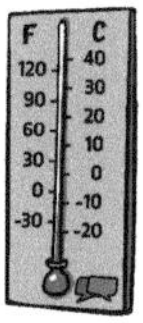

F C
120 40
90 30
60 20
30 10
0 0
-30 -10
-20

thermometer

termometru

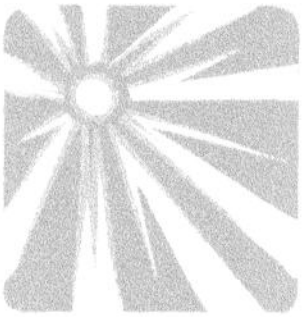

zonneschijn

lumina soarelui

wolk

nor

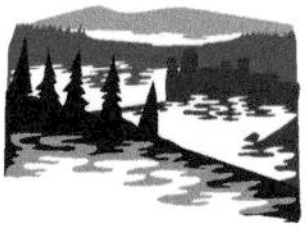

mist

ceață

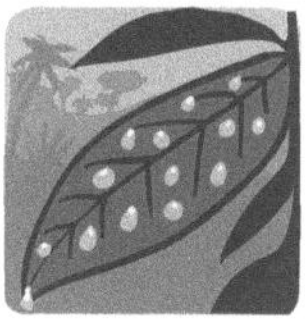

luchtvochtigheid

umiditate a aerului

bliksem

fulger

donder

tunet

storm

furtună

hagel

grindină

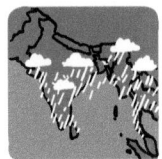

moesson

muson

overstroming

inundație

ijs

gheață

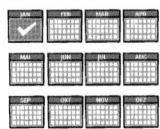

januari

ianuarie

februari

februarie

maart

martie

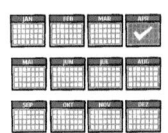

april

aprilie

mei

mai

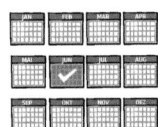

juni

iunie

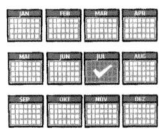

juli

iulie

augustus

august

jaar - an

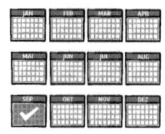

september
....
septembrie

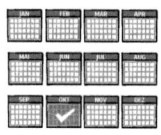

oktober
....
octombrie

november
....
noiembrie

december
....
decembrie

vormen
forme

cirkel
....
cerc

vierkant
....
pătrat

rechthoek
....
dreptunghi

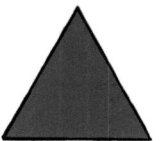

driehoek
....
triunghi

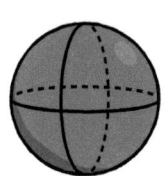

bol
....
sferă

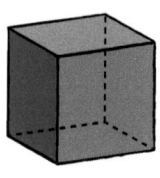

kubus
....
cub

wit
....
alb

geel
....
galben

oranje
....
portocaliu

roze
....
roz

rood
....
roșu

paars
....
violet

blauw
....
albastru

groen
....
verde

bruin
....
maro

grijs
....
gri

zwart
....
negru

veel / weinig
mult/puțin

boos / rustig
furios/calm

mooi / lelijk
frumos/urât

begin / einde
început/sfârșit

groot / klein
mare/mic

licht / donker
luminos/întunecat

broer / zus
frate/soră

schoon / vies
curat/murdar

volledig / onvolledig
complet/incomplet

dag/ nacht
zi/noapte

dood / levend
mort/viu

breed / smal
lat/strâmt

eetbaar / oneetbaar

comestibil/necomestibil

gemeen / aardig

rău/prietenos

opgewonden / verveeld

emoționat/plictisit

dik / dun

gras/slab

eerste / laatste

primul/ultimul

vriend / vijand

prieten/inamic

vol / leeg

plin/gol

hard / zacht

tare/moale

zwaar / licht

greu/ușor

honger / dorst

foame/sete

ziek / gezond

bolnav/sănătos

illegaal / legaal

ilegal/legal

intelligent / dom

inteligent/stupid

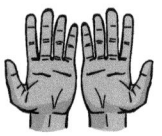

links / rechts

stânga/drepta

dichtbij / ver

aproape/departe

nieuw / gebruikt

nou/uzat

niets / iets

nimic/ceva

oud / jong

bătrân/tânăr

aan / uit

pornit/oprit

open / gesloten

deschis/închis

zacht / luid

încet/tare

rijk / arm

bogat/sărac

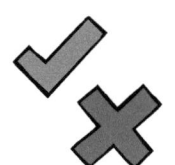

goed / fout

corect/fals

ruw / glad

aspru/neted

verdrietig / gelukkig

trist/fericit

kort / lang

lung/scurt

langzaam / snel

încet/repede

nat / droog

ud/uscat

warm / koel

cald/rece

oorlog / vrede

război/pace

tegenstellingen - antonime

0

nul

zero

1

één

unu

2

twee

doi

3

drie

trei

4

vier

patru

5

vijf

cinci

6

zes

șase

7

zeven

șapte

8

acht

opt

9

negen

nouă

10

tien

zece

11

elf

unsprezece

12

twaalf

douăsprezece

13

dertien

treisprezece

14

veertien

paisprezece

15

vijftien

cincisprezece

16

zestien

șaisprezece

17

zeventien

șaptesprezece

18

achttien

optsprezece

19

negentien

nouăsprezece

20

twintig

douăzeci

100

honderd

o sută

1.000

duizend

o mie

1.000.000

miljoen

un milion

Engels

engleză

Amerikaans Engels

engleză americană

Chinees Mandarijn

chineza mandarină

Hindi

hindi

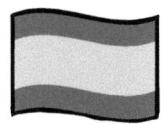

Spaans

spaniolă

Frans

franceză

Arabisch

arabă

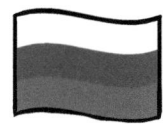

Russisch

rusă

Portugees

protugheză

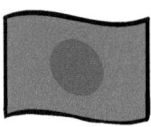

Bengalees

bengaleză

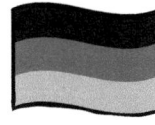

Duits

germană

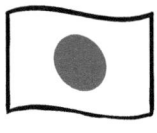

Japans

japoneză

ik
········
eu

jij
········
tu

hij / zij / het
········
el/ea

wij
········
noi

jullie
········
voi

zij
········
ea

wie?
········
cine?

wat?
········
ce?

hoe?
········
cum?

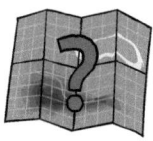

waar?
········
unde?

wanneer?
········
când?

naam
········
nume

achter

în spate

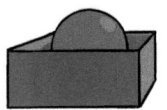

in

în

voor

înainte

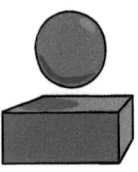

boven

peste

op

pe

onder

sub

naast

lângă

tussen

între

plaats

loc